길 위에서 철학을 하다

박동환 디카시집

창연

차례

1부

열정 · 11
말하고 싶어 · 12
생각의 차이 · 13
길 위에서 철학을 하다 · 14
홀로서기 · 16
푸른 풍경 소리 · 17
돌탑에 핀 사랑 · 18
격려 · 20
노란 손수건 · 22
꿈 · 23
기다림 · 24
길 아래 길 · 25
문신 · 26
여유 · 27
파도가 전하는 말 · 28
아침 식탁 · 30
촛불 · 32
가장 아름다운 때 · 33
뿌리 같은 삶 · 34

2부

포화 속으로 · 37
밥줄 · 38
탄생 · 40
제비 둥지 · 41
내가 사랑스러울 때 · 42
동행 · 43
채움의 미학 · 44
마음은 청춘 · 46
그리움 · 47
현기증 · 48
하심 · 50
마음의 양식 · 51
아버지의 그림자 · 52
머리 좀 쓰라고 · 54
존재의 이유 · 55
근심 · 56
유혹 · 57
빨대 · 58

3부

질긴 인연 · 61

지문 · 62

빈 의자 · 64

일몰 · 65

공작새 · 66

너의 품에서 · 68

산에 꽃 피네 · 69

빛이 내린다 · 70

무릉도원 · 71

바람아 불어다오 · 72

기억 · 73

쌀꽃과 참새비 · 74

가을 기도 · 75

목구멍이 포도청 · 76

다시 태어나다 · 78

황금 나무 · 79

희망 날개 · 80

말조심 · 82

4부

아무도 모르게 · 85
사진에 사진을 담다 · 86
몰래 한 사랑 · 87
월영교에서 달을 품다 · 88
가는 날이 장날 · 89
환영 · 90
물 좀 주소 · 91
조개껍데기 · 92
상심 · 93
눈밥 · 94
삶의 굴곡 · 96
시간표 · 98
흠모 · 99
노란 파도 · 100
별이 되어 · 102
거인 · 104
기념사진 · 106
미소 · 108
화산 폭발 · 110

■ 시집 해설 / 이시향 시인 · 112
■ 시인의 말 · 122

1부

열정

아직도 열정이 남아있을까
떨어지는 고개를 주체할 수 없지만
마지막 남은 힘을 얼굴에 모아서
붉게 피어난 꽃처럼 터트린다

말하고 싶어

물속에서 만난 네게
그때는 말 못했어
꼭 한마디 하고 싶었는데
이제는 말할게, 뻐끔뻐끔

생각의 차이

길 옆에 붉은색 꽃 가득한데
보라색 꽃이 서너 송이가 피었다
저 꽃을 보고 다른 꽃이라고 말할까?
아니면 같은 꽃이라고 말할까?

길 위에서 철학을 하다

끝이 없는 길
보이지 않는 길
생각하며 걸어야 한다
길 위에서 방향을 찾기 위해
길 위에서 철학을 한다

홀로서기

홀로 바다에 선다
아무도 없는 외로움
바다에 비친 그림자마저
파도에 점점이 부서진다

푸른 풍경 소리

푸른 하늘에 헤엄칠 자유를 빼앗긴
물고기는 서러운 눈물을 삼키고
푸른 동맥의 단청 처마 끝에 매달린 채
파도 같은 바람이 불어오길 바라며
흰 구름 위로 푸른 풍경 소리 울린다

돌탑에 핀 사랑

떨어진 저 꽃잎 누가 돌탑에 피웠을까?
돌탑의 짝사랑 알고 누가 인연을 맺어주었을까?

격려

바람이 어깨를 토닥대면
어렵게 용기를 내서
여린 가슴을 활짝 펴고
힘차게 깃발을 펄럭인다

노란 손수건

긴 기다림이 야속하여
낯빛은 누렇게 지쳐 가는데
지난 추억마저 잊어버릴까
힘든 내색 않고 노랗게 웃는다

꿈

꿈같은 상상이
세상 밖으로 나올 수 있을까
고래와 조우하는 꿈을 꾸다
큰 꿈을 그린다

기다림

기다림의 눈은 뒤로 보고
그대는 작은 거울에 보이지 않네
너무 작은 거울을 달았나
기다림은 거울의 크기를 앞지른다

길 아래 길

세상에 길은 많다
보이는 길에 익숙한 우린
보이지 않는 길은 모른다
길 아래 다른 길은 늘 열려있다

문신

마음을 담아 몸을 불태운다
붉게 물든 상처에 덧씌운 기도
사랑과 축복의 문신이 되고
풍성한 가을처럼 무르익는다

여유

시원하게
달콤하게
지친 몸을 일으키는
너와 눈이 마주친다

파도가 전하는 말

잊는 연습은 하지 않았다네
파도에 떠밀려온 패총처럼
죽은 과거가 쌓여만 갈 때
우리는 비로소 뒤를 돌아보지
파도는 시원하게 잊으라 하네

아침 식탁

나뭇잎 사이로 해가 비치고
문명의 아침이 바다에 걸린
산중 아침 식탁에 홀로 앉아
새소리, 바람 소리에 넋 놓고
산을 먹고 도시를 뱉어낸다

촛불

촛불 하나를 낚았다
길을 잃고 헤맬 때
힘이 들고 지칠 때
어둠 속에서 조용히 타오르는
뜨거운 심장을 끌어올렸다

가장 아름다운 때

가장 아름답다는 건
가장 짧은 순간이라는
불꽃이 사그라드는 찰나

뿌리 같은 삶

하늘을 우러러 한 점 부끄럼 없기를
내 뻗은 다리 누울 곳을 잃어버리고
숨 막히고 치열한 삶을 위해 아래로
그 속에 거짓 없이 오롯이 땅만 파다
내 눈은 멀어도 빛으로 꿈을 꾸네

2부

포화 속으로

저 길을 건너면
보이지 않는 총성 울리는
포화 속으로 들어간다
삶의 전장으로

밥줄

집에서는 늘 슈퍼맨이지만
자신의 여린 몸뚱어리를
생명줄에 의지한 채
밥줄에 매달린다

탄생

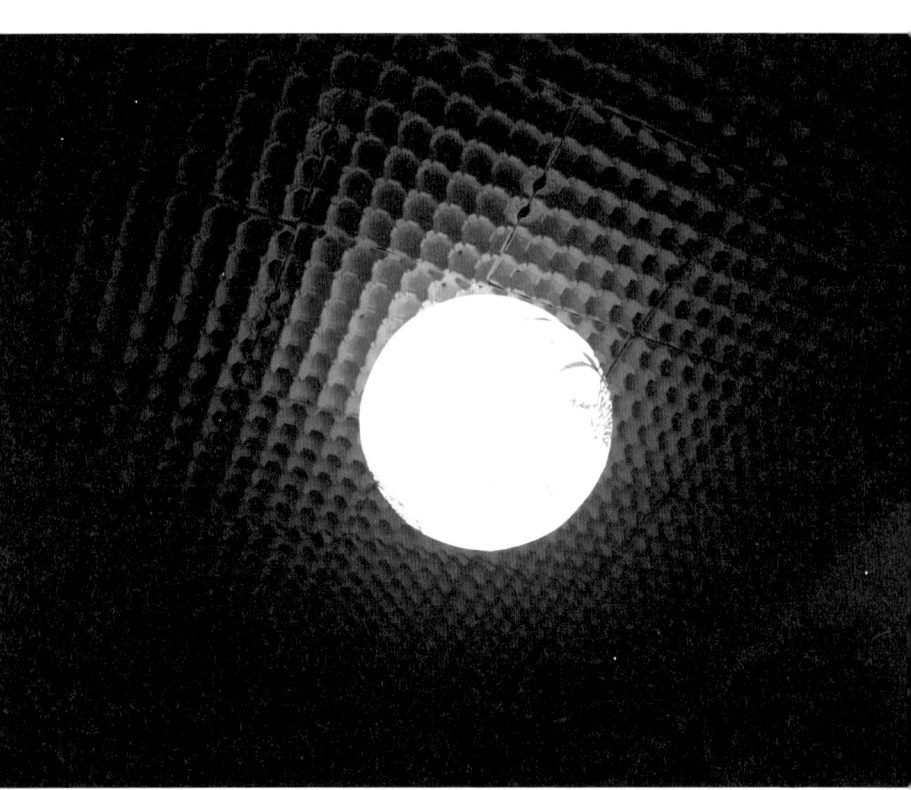

알에서 병아리로 태어난다는 것은
아마도 세상의 빛을 받아들이는 일
깨달음도 어둠에서 깨어나는 탄생

제비 둥지

비닐 천막 처마 끝 제비 둥지
사위를 살피는 눈이 매섭다
분명 둥지 안에 무언가 있다
궁금증은 알을 낳고 부화한다

내가 사랑스러울 때

술이 무르익는 시간
어깨를 짓누르는 삶의 무게가
한 잔의 술에 녹아들 때
백열등에 빛나는 문구가
나를 환하게 밝힌다

동행

널 닮은 난
콘크리트 담벼락이면 어때
너와 함께 하는데

채움의 미학

머릿속을 무엇으로 채우나
마르지 않은 잉크 향기가
코끝에서 눈으로 들어와 박힌다
채워도 채워지지 않는 배고픔은
머릿속 현기증만 더한다

마음은 청춘

철 지난 계절 치자꽃 향기에
걸음을 멈추고 쳐다본 너는
얼굴에 검버섯 피었는데
그 향기 청춘만 가득하네

그리움

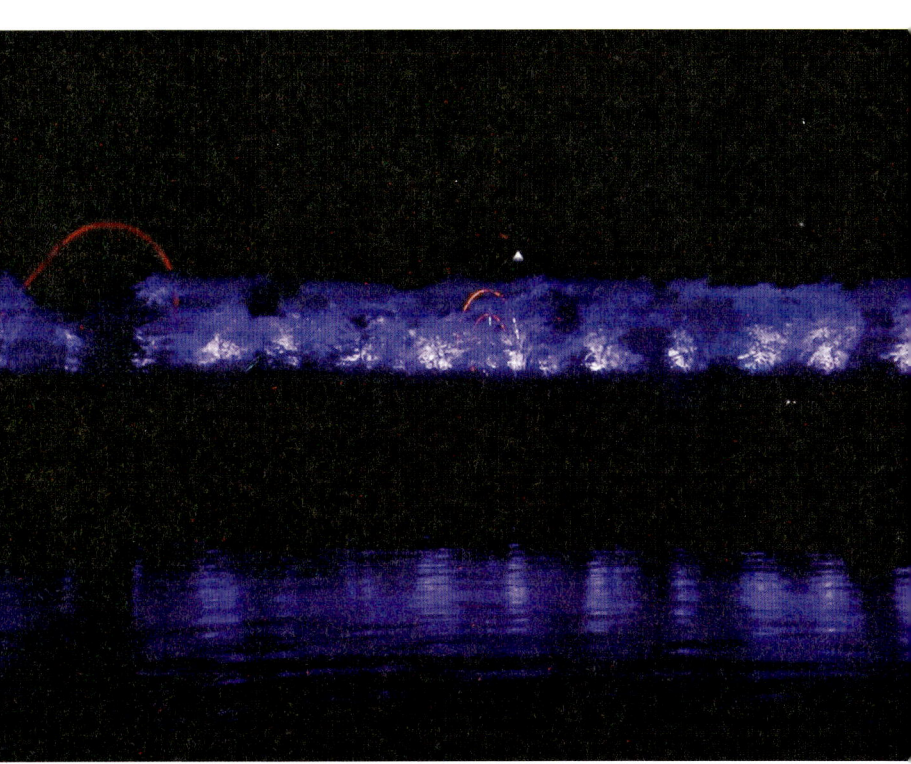

너의 빛나는 모습에
내 마음 흔들리네
물그림자 어리듯
가슴 가득 아련하네

현기증

한여름 몸살을 앓았다
미열이 남아서일까?
어지럽게 꽃잎이 흔들린다

하심

기원을 담은 연등이 줄에 걸린 채
높은 곳으로 향하는가 했더니
높은 하늘의 광명을 받은
부처님의 자비는 낮은 곳에 임하셨네

마음의 양식

좁은 바다에 던져진 부표
얕은 수중에 자라는 어류
넓은 마음에 펼쳐진 조각
깊은 심중에 커가는 양식

아버지의 그림자

벽에 비친 아버지의 그림자를 본 적이 있나요
늘 자식들 앞에서는 큰소리로 당당하신 모습
술을 드시고 들어오시면 걱정하지 마라
외치는 그 모습 뒤에는 저렇게 구부정하고
나약한 아버지의 모습이 비치고 있지 않나요

머리 좀 쓰라고

내 머리 스타일 어때?
요즘 유행이라
돈 좀 들였어
뭐라고?
그 머리 말고 머리 좀 쓰라고

존재의 이유

티끌 같은 존재라도 그 내부의 깊이를
자신이 아니고서는 누구도 알 수 없는
자존의 깊이를 자신도 모르는 깊이에
한번은 불꽃을 태울 심지가 존재한다

근심

하늘이 개었다오
그대 마른 우산은 접으시고
세상 근심도 다 접으시고
함께 산책이나 갑시다

유혹

사내 마음 설레게
속눈썹 치켜뜨고
또 누굴 유혹하나
봄처녀 눈웃음에
얼어붙는 내 가슴

빨대

목마른 한 잔
고독한 한 잔
사랑의 한 잔
사랑은 빨대 개수

3부

질긴 인연

물이 들어
물에 들어
다시 젖어드네
질긴 인연에

지문

너의 뜨거운 눈은
나를 사로잡고
대지에 지문을 남긴다

빈 의자

성난 바람이 훔치고 떠나버린
거친 풀숲에 꺾이고 쓰러져
볼품없는 푸석한 모습으로
골목에 쓰러진 연탄재처럼
구멍마다 지나는 바람이 운다

일몰

해가 이글거리는 타워에 걸렸다
뜨거운 놈이 더 뜨거운 놈의
멱살을 잡고 숨통을 조이지만
가라앉는 한숨은 오늘도 안녕을 위한
가족들의 소중한 기도 속에 잠든다

공작새

도도하게 깃털을 세운다
연녹색의 우아한 빛으로 투과되어
사랑하는 연인의 마음에 드리운다

너의 품에서

하늘이 나를 버렸다고
원망하지 않아
이렇게 메마른 마음을 적셔주니까

산에 꽃 피네

산에 꽃 피네
하늘 아래 가장 높은 곳에
바라보는 방향 따라
금색, 은색
투명한 꽃 피네

빛이 내린다

비가 내리는 밤
젖은 마음에 흔들리는 눈동자가
카메라 셔터를 누르는 순간
빛이 아래로 흐른다

무릉도원

물속에 산을 담았소
그 위에 나무도 심고
꽃이 피는 산수화를
세세하게 담아 보았소

바람아 불어다오

가야 할 길이 먼데
나 여기에 머무네
가고 싶은 맘이야
하늘을 날고 있는데

기억

기억의 저편에 무엇이 있길래
경계를 넘어서면 파도처럼 일어설까
빛과 어둠이 고요 속에 춤을 추듯
향기 가득한 기억이 넘실댄다

쌀꽃과 참새비

거리에 온통 쌀꽃이 가득하고
참새 떼 먹이를 쪼듯 바쁘게
연신 낙화를 물고 미끄러진다

가을 기도

가을에 잎이 떨어져도
내 손을 꼭 잡을 길손의 체온을
하늘 가릴 손을 잃었어도
마른 땅에 손잡이가 될 수 있음을

목구멍이 포도청

세 식구 먹여 살리려니
보이지 않는 발은 바쁘고
입을 열고 하늘만 바라본다

다시 태어나다

진정 늙는다는 것은 새로움이다
육체는 머릿속 주름처럼 접히지만
주름 속에 많은 세월을 숨기고
갓 부화한 병아리처럼 태어난다

황금 나무

겨울을 알리는 바람이 을씨년스럽게
가을을 재촉하며 불어오는데
휘황찬란한 황금 나뭇잎에 걸음을 멈춘다
눈으로 쑥 퍼 담아 쓸쓸한 마음을 채우니
세상 부러울 게 하나 없네

희망 날개

날개를 그렸다
나비가 되었다
벽면에 붙였다
날개가 펴졌다

말조심

밖에 무슨 말이 그리도 많소
작은 창으로 보이는 세상에
묶여서 달리지 못하지만
말이 얼마나 빠른지 아시오

4부

아무도 모르게

귀는 쫑긋 세우고
발걸음은 조심조심
임에게로 가는 마음은
벌써 담장을 넘고 있네

사진에 사진을 담다

피사체는 사진 속에서
살아 숨 쉬는 꽃이 되고
사진에 매료된 나는
다시 사진을 담는다

몰래 한 사랑

누구도 모르게 사랑을 키웠습니다
몰래 한 사랑은 담벼락마저
자리를 내어주며 눈높이를 낮춥니다

월영교에서 달을 품다

달빛은 은은히 빛나서 좋고
월영교 불빛은 세련되게 빛나서 좋고
둘 중 어느 하나를 지우는 것보다
둘이 짝을 이루니 이보다 좋을 수가 없다

가는 날이 장날

영화 세트장 보러 간 날
영화 찍는다는 문구가 걸렸다
세트장도 못 보고 돌아서는
아쉬운 장면을 찍고 떠난다

환영

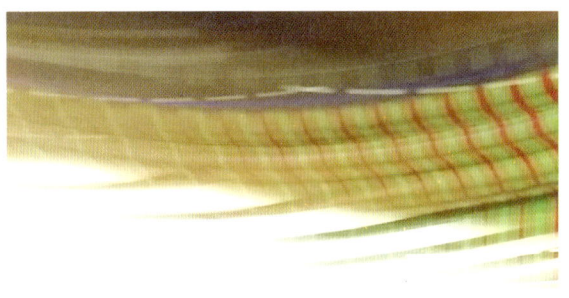

밤을 밝히는 불빛
빠르게 변하는 세상에
하나, 둘 점점 늘어나고
빛은 환영처럼 눈을 속인다

물 좀 주소

물도 사 먹는 세상인데
감로수는 알아서 드시란다
먹은 물값 대신 표주박은 두고 가세요

조개껍데기

바다가 그리운 조개껍데기
자동차에 붙어 고향을 찾고
햇살 듬뿍 바닷속 꿈 키우며
속살을 채우듯 빛을 뿌린다

상심

떨어진 꽃잎에 마음이 아프다
사람이 죽어도 마음이 아프다
살아온 세월을 흐르는 강물에
피어난 꽃잎도 흐르는 강물에

눈밥

하늘이 밥솥에 밥을 지었다
빈부격차가 가득한 세상에
눈밥은 어찌 이리도 공평할까?

삶의 굴곡

살면서 한 번의 좌절은 있어도
시간의 강을 건널 수 있다면
다시 바로 서는 날이 있으리

시간표

1	13:35	14:48	15:18
2	14:03	15:16	15:46
3	14:31	15:44	16:14
4	14:59	16:12	16:42
5	15:27	16:40	17:10
6	15:55	17:08	17:38
7	16:23	17:36	18:06
1	16:51	18:04	18:34
2	17:19	18:32	19:02
3	17:47	19:00	19:30
4	18:15	19:28	19:58
5	18:43	19:56	20:25
6	19:11	20:20	20:49
7	19:39	20:44	21:12
1	20:07	21:11	21:37
2	20:37	21:41	22:07
3	21:07	22:11	22:37
4	21:37	22:38	23:03
5	22:07	23:07	23:32
6	22:37	23:35	23:59

정시 시간을 못지킬수 있습니다

1교시 끝나면 영어
2교시 끝나면 수학
막차 끝나면 철학
무아지경의 시간표

흠모

당신은 춤추고
덩달아 신나는 맘
긴 머리 날리면
날아가 버린 내 맘 어쩌나?

노란 파도

무심코 회사 뒷동산을 바라본다
노오란 파도가 치는 걸 보고
깜짝 놀라 육지로 뛰어내린다

별이 되어

하늘 별이 낮은 곳에 피었다
위에서는 따뜻하게 비추더니
아래에서는 아름답게 웃는다
별빛이 밤을 스치듯 살다가
큰 대자로 웃으며 떠나리라

거인

깊은 뿌리를 박고 서 있는
그대는 바람을 영접하여
육중한 몸을 움직이는 거인
돈키호테처럼 돌진하는 바람은
세상의 빛이 되어 뻗어간다

기념사진

기념사진 찰칵
좀 웃기라도 하지
혼자옵서예
인사에도 무표정
할아버지 삼 형제

미소

말없이 미소 짓는 사람
그 사람이 나였으면
슬픈 모습도
화난 모습도
모두 미소 뒤에 숨어라

화산 폭발

어스름 내려앉는 산 위로
붉은 기운 하늘로 솟구쳐
떨어진 해를 끌어 올린다

■ 시집 해설

길 위에서 철학을 하다

이시향 시인

1.
　박동환 시인의 「길 위에서 철학을 하다」를 읽어보면 학창 시절 외우고 외웠던 로버트 프로스트의 "가지 않는 길"이라는 시가 가장 먼저 떠오릅니다.
노란 숲 속에 나 있는 두 갈래의 길을 다 가지 못하는 안타까움이 있습니다. 우리의 삶에 있어서도 매일매일 필연적으로 일어나는 수많은 선택을 해야만 합니다. 인생길 위에서 지금 내가 걷고 있는 이 길이 맞는지도 생각하게 됩니다. 희망으로 출발한 이 길이 아쉬움과 고뇌로 가지 못한 길을 그리워하고 있지나 않는지요. 이 디카시집을 읽으며 길 위에서 동행이 되어 철학 속으로 걸어 들어가 봅니다.

끝이 없는 길
보이지 않는 길
생각하며 걸어야 한다
길 위에서 방향을 찾기 위해
길 위에서 철학을 한다
　　-「길 위에서 철학을 하다」

　그 길을 걸어 들어가기 전에 먼저 생소할지 모르는 "디카시"에 대한 정의에 대한 이해의 폭을 넓히기 위해 네이버 시사상식사전의 내용을 인용합니다.

*디카시 : 디지털카메라(디카)와 시(詩)의 줄임말로, 디지털카메라로 자연이나 사물에서 시적 형상을 포착하여 찍은 영상(사진)과 문자를 함께 표현한 시다. SNS를 통해 자신의 생각을 사진과 함께 실시간으로 공유해 순간의 시적 감흥을 담는 것이 특징이다. 시적 형상을 순간 포착하고 그 느낌이 날아가기 전에 문자로 표현하여 SNS로 실시간 소통한다는 점에서, 영상과 함께 표현되는 문자는 짧게 5행 이내로 언술 된다.
　　　　　　　　　　　　　　　[네이버 시사상식사전]

　이렇게 새로운 장르로 디카시는 경남 고성을 발원지로 지금은 교과서와 해외에서도 활발한 활동이 이루어지고 있는 시의 한 문학 장르입니다. 디카시집 『삼詩 세끼』 작가의 말에서도 밝힌 것과 같이 제가 처음 디카시를 접하게 된 2012년에 필름 카메라에서 디지털카메라로 순식간에 옮

겨 간 것처럼 시도 이미지의 문학으로 긴 문장에서 짧고 강한 문장으로 옮겨 갈 것으로 생각했습니다. 사진을 시의 배경으로 쓰기 위해 찍었던 저에게는 좋아하는 두 가지를 동시에 할 수 있는 장르라고 생각해서 문학 동아리 〈시의 향기〉에서 박해경 시인, 박동환 시인과 더불어 회원들이 함께 백일장과 전시회를 매년 진행하게 되었습니다.

2

동그란 얼굴에 맑은 미소를 띠며 대학을 갓 졸업한 20대 후반의 모습으로 인사를 하는 박동환 시인을 처음 만난 것은 십여 년 전 울산 공단 문학회 회장을 할 때입니다. 그때만 해도 문학단체에는 여성들이 많고 연배가 높은 분들이 대부분이라 여러 가지 일을 앞장서서 함께할 젊은 남자 일꾼이 필요했는데 불혹이라고 해서 깜짝 놀라며 이름 따라서 동안이라 했던 기억이 새롭습니다. 오랜 기간 습작기를 거치며 2014년 서정문학으로 등단, 등대 문학상, 황순원 디카시 공모전을 수상하기도 한 시인의 얼굴에서 느껴지던 진정성과 서정성이 시에서도 잘 나타나고 있는데 이 디카시집에서도 많은 부분 찾아볼 수 있습니다.

벽에 비친 아버지의 그림자를 본 적이 있나요
늘 자식들 앞에서는 큰소리로 당당하신 모습
술을 드시고 들어오시면 걱정하지 마라
외치는 그 모습 뒤에는 저렇게 구부정하고
나약한 아버지의 모습이 비치고 있지 않나요
　　　　　　　　　　－「아버지의 그림자」

　자식들 앞에서 당당한 척 해도 새벽에 출근해서 밤늦게 퇴근하는 일상적인 하루에 치여 고개를 들고 하늘을 쳐다본 적이 언제였는지?
우리의 아버지가 그랬던 것처럼 별을 헤아리며 상상의 나래를 펼쳤던 빛의 기억 너머에 구부정하게 허리 굽은 아버지의 그림자처럼 세상사의 고통을 껴안고 사는 시인의 내면에서 자신을 찾고자 하는 외침과 아버지의 그리움을 동시에 느껴봅니다.
　울산 12경에도 들어가는 공단 야경이 희미해져 가는 동트기 전 가로등 불빛도 힘에 겨워 보이는 길을 달리며 S-oil에 근무하는 시인은 「포화 속으로」라는 시에서 삶의 터전을 총성 울리지 않는 전

쟁터로 표현했습니다. 저 포화 속으로 들어가 종일 전쟁 같은 삶을 살아내고 있을 시인과 같은 울산 석유화학 공단에서 근무하는 저 또한 박동환 시인의 디카시를 읽으며 동질감으로 힘을 냅니다. 모든 직장인의 출근길이 전장을 향하는 용사의 모습이 아닐까 하는 생각을 들게 하는 시입니다.

저 길을 건너면
보이지 않는 총성 울리는
포화 속으로 들어간다
삶의 전장으로
　　　　－「포화 속으로」

3.
　박동환 시인은 디카시집 『삼詩 세끼』 작가의 말에서 '디카시를 처음 접했을 때의 기억은 한 장의 사진에 짧은 문장이 주는 매력을 잊을 수가 없게 했다. 영화의 신스틸러처럼 사진이라는 주연보다 짧은 시구의 조연이 더 가슴을 열고 들어왔다.'라고 했습니다. 문학동아리 〈시의 향기〉 부운영자를 맡으며 33인 시사전과 매년 포토시 전시를 같이하면서 박동환 시인은 버스를 타고 집으로 가는 짧은 순간에도 시를 빚었고, 디카시 출사를 함께 할 때도 사물을 다르게 바라보는 눈이 마음에 하나 더 있는 듯 보였습니다. 사물의 앞만 보고 판단하지 않고 두루두루 뒤쪽까지도 살피고 내면까지도 끌어내는 능력은 작품 「공작새」에도 잘 나타나 있습니다. 진흙탕 속에서도 물 한 방울 허락하지 않는 연잎의 도도함을 역광으로 비친 뒷모습에서 사랑하는 연인을 위해 꼬리 날개를 활짝 펴는 공작새의 우아한 모습을 찾아내는 연초록 시인의 눈이 싱그럽습니다.

공작새 도도하게 깃털을 세운다
연녹색의 우아한 빛으로 투과되어
사랑하는 연인의 마음에 드리운다
　　　　　－「공작새 」

4.
  전기 전공 출신인 박동환 시인은 문학의 깊이를 위해 끊임없이 공부하는 시인으로 처음 만났을 때는 방송통신대학 국문학을 전공하며 몇 년을 공부하더니 지금은 법학을 공부하고 있는 열정이 가득한 시인입니다. 일하면서 시를 쓰고 공부하는 다재다능한 시인으로 지금은 울산 제일일보 디카시 코너에 저와 박해경 시인과 함께 좋은 디카시를 많은 분께 알리고 있습니다. 박해경 시인은 디카시에 대해서 "순간을 포착하고 그로 말미암아 가슴 뛰게 하는 어휘들이 떠오른다면 더 이상 무슨 말이 필요하겠는가? 순간이 지나면 변하게 될 사물에 영원불변의 생명을 넣어 주는 것이 디카시가 아닐까 한다."라고 했습니다. 그만큼 디카시는 순간이라는 시간을 놓치지 않고 낚아채어 예술로 승화 시키는 새로운 문학 장르로 자리를 잡았습니다.

  디카시 「하심」은 연등의 그림자가 변화하는 찰나를 디지털카메라로 찍어 생명을 불어넣고 영원까지 부여한 멋진 작품입니다.

기원을 담은 연등이 줄에 걸린 채
높은 곳으로 향하는가 했더니
높은 하늘의 광명을 받은
부처님의 자비는 낮은 곳에 임하셨네
— 「하심」

　서정문학 운영위원이며 신세계문학 회원이고 문학동아리 '시의 향기' 부운영자인 박동환 시인의 시에는 제목에서처럼 철학이 가득합니다. 철학은 문제를 풀어가는 일이며 일상에서 닭과 달걀 중 어느 것이 먼저냐는 논리를 자신의 입장에서 생각해 보며 답을 찾아가는 일입니다.

　시인의 작품 「존재의 이유」에서는 "티끌 같은 존재라도 그 내부의 깊이를/ 자신이 아니고서는 누구도 알 수 없는/ 자존의 깊이를 자신도 모르는 깊이에/ 한 번은 불꽃을 태울 심지가 존재한다."라고 했습니다. 시인의 시에는 고래가 하늘을 날고, 밤 하늘 별이 낮은 곳에서 피어나는 꿈결 같은 상상이 있고, 사회와 역사의 아픔을 지나치지 못하고 어루만지는 따뜻함이 넘쳐납니다. 저 빈 의자에 앉아 따뜻하게 소녀를 안아주고 싶은 마음입니다.

성난 바람이 훔치고 떠나버린
거친 풀숲에 꺾이고 쓰러져
볼품없는 푸석한 모습으로
골목에 쓰러진 연탄재처럼
구멍마다 지나는 바람이 운다
- 「빈 의자」

　그의 디카시 「밥줄」에서는 안전줄 하나에 목숨을 맡기고 작업을 하는 모습을 보여주기도 합니다. 삶은 힘들어도 언제나 미소 띤 동그란 동안 얼굴을 한 박동환 시인을 저는 '미소 시인'이라고 부르고 싶습니다. 그를 꼭 닮은 디카시 「미소」를 마지막으로 소개하며 한여름 시인의 디카시집 『길 위에서 철학을 하다』를 읽고 신선한 충격에 제가 몸살을 앓았듯 여러분도 이 시집에서 작은 사유로 큰 행복과 발견을 만끽하시길 바랍니다.

말없이 미소 짓는 사람
그 사람이 나였으면

슬픈 모습도
화난 모습도
모두 미소 뒤에 숨어라
-「미소」

■ 시인의 말

『길 위에서 철학을 하다』디카시집을 펴내며 많은 생각이 교차한다.
예전부터 책을 내면 제목을 꼭 '길 위에서'라는 문구를 넣으려고 했었다.
우리가 살아가는 삶은 모두 길 위에서 이루어지기 때문이다.

각자의 길에서 각자의 삶을 만들어가는 것이다. 가끔 길을 잃고 방황도 하고, 길에 주저앉아 한없이 울기도 하리라.
그러다 우연한 만남이 길을 이끌어주기도 따스한 한 쪽 어깨를 빌려줄 때도 있으리라.
하지만 인생은 늘 혼자 걸어가야 하는 자신의 길이다.
이렇게 자신의 길을 찾는 것이 철학이 아닐까 하는 생각을 한다.
내가 어디서 와서 어디로 가야 하는지를 생각하고 실천하는 삶이 바로 철학을 하는 삶이다.
시란 무엇일까? 시도 어쩌면 철학을 하는 것이다.
내가 누구인지를 알고 어떻게 살아가야 하는지의 방법을 생각하고 노력하는 사람이 시인이며, 시를 쓴다고 할 수 있을 것이다. 시인은 여기서 하나를 더 추구해야 한다.
바로 타인을 생각하는 마음이다. 나만 잘되자고 노력하는 사람은 진정한 시인이 아니며, 마음으로 읽는 시를 쓸 수가 없다. 모름지기 시인이라면 모두가 살기 좋은 세상에 대하여 깊이 생각하고 노력하는 마음을 가지고 있어야 한다.

시를 쓰는 사람만 철학을 하는 것은 아니다. 시를 읽는 사람도 마찬가지로 철학을 한다.
시를 읽으며 시인의 생각을 넘어 자신만의 고유한 뜻으로 이해하고 창조하는 것이야 말로 철학적인 글읽기일 것이다.
길을 가다 우연히 어떠한 사물과 마주친 찰나에 스치는 의미를 부여하고 나만의 독창적인 은유를 내포하는 행동이 디카시를 창조하는 작업이다.
이러한 작업은 불교에서 말하는 선문답과 절묘하게 들어맞는 부분이 있다.
독자가 어떠한 피사체와 짧은 글귀를 보고 각자의 길에서 자신만의 고유한 색깔로 의미를 부여하는 것과 같다.
이 책을 읽는 독자들이 자신의 길을 가는데 조금이라고 도움이 되었으면 좋겠다.
 끝으로 철학적 삶을 살아가는데 신중함도 필요하지만 때로는 즐길 줄 아는 삶이기를 바라며 '라이너 마리아 릴케'의 인생이라는 시로 마무리하고자 한다.
 '인생을 꼭 이해해야 할 필요는 없다. 인생은 축제와 같은 것. 하루하루를 일어나는 그대로 살아나가라. 바람이 불 때 흩어지는 꽃잎을 줍는 아이들은 그 꽃잎들을 모아 둘 생각은 하지 않는다. 꽃잎을 줍는 순간을 즐기고 그 순간에 만족하면 그뿐.'

2019년 8월 박동환 시인

이 도서의 국립중앙도서관 출판예정도서목록(CIP)은 서지정보유통지원시스템 홈페이지(http://seoji.nl.go.kr)와 국가자료종합목록 구축시스템(http://kolis-net.nl.go.kr)에서 이용하실 수 있습니다.
(CIP제어번호 : CIP2019028977)

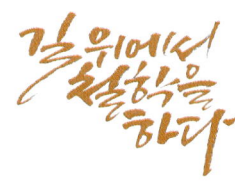

2019년 8월 20일 초판 1쇄 발행

지은이 | 박동환
펴낸이 | 이소정
펴낸곳 | 창연출판사
주　　소 | 경남 창원시 의창구 읍성로 39
출판등록 | 2013년 11월 26일 제 2013-000029 호
전　　화 | (055) 296-2030
팩　　스 | (055) 246-2030
E-mail | 7calltaxi@hanmail.net

값 10,000원
ISBN 979-11-86871-59-1　03810

ⓒ 박동환, 2019

* 이 책의 판권은 저자와 창연출판사에 있습니다.
* 양측의 서면 동의 없이 무단 전재나 복제를 금합니다.